JN409212

그리움이 아프다

그리움이 아프다

신영철 제5시집

내일을 기다리지 마라
늙는다

오늘을 사랑하라
내일은 꽃이 진다

돌아보지 마라
아프다

도서출판 천우

● 시인의 말

아름다운 세상에서 많은 세월 꿈을 꾼 듯 바람 부는 거리에서 내 안의 나를 찾아 헤매었다. 늘 모자라는 마음 채우려고 늘 부족하고 서투른 연습으로 미완성인 일상 거기서 맴돌며 살았다. 시로 괴롭고 슬픈 외로움 털어내며 시가 나를 위로하면 그 시를 사랑하며 살았다.

안개 낀 거리에서 보일 듯 말 듯 이미지를 남겨둔 채 써 놓고 보면 무엇인가 모자라 채우고 싶은 나머지가 있는 시를 썼다.

가면 오지 않는 세상 살리. 스러지기에 세상에 내어놓기가 부끄러운 서정을 용감한 마음으로 세상 한복판에 발가벗고 누운 바보 웃음처럼….

또 시집을 내어 본다.

2020년 초여름에

무림 신 영 철

제1부

꽃새가 울었다

제2부

여인 같은 가을이다

제3부

공간에 두고 가는 언어

제4부

오동잎 떨어지는 밤

제5부

낙엽처럼 날아가자

제1부

꽃새가 울었다

그냥저냥 삽시다

여보게 친구야
오해 풀고 가자꾸나
이제 우리
그만둘 만큼 세월이 갔지 않는가
지지고 볶고 따진다고
더 사는 것도 아닌데

짧은 세월에 만난 인연
좋아도 나빠도
외로운 게 인생인데
세상을 그만두는 날까지
그냥저냥 살자

어디 그리
세상이 내 맘대로
살아지는 것도 아닌데

백로 한 마리

봄이 익어가는 하늘에
헬기 따라가던
백로 한 마리
앞에서 걸리적댄다고
앞장서 가네

조각구름은
날개가 없어 앞장 못 서고
프로펠러도 없어
천천히 뒤따라가네

초록빛 드리운 하늘에

등대별

억겁의 별들이
다이아몬드 빛으로
찬란한 우주에

밤하늘 반달이
잃어버린 한쪽 달을 찾아
수많은 별 중에 별 하나
등댓불 껌벅이네

땅 꺼지게 누웠네

별나라에 사는 그리움
까만 밤
별 중의 별 하나
올 듯 말 듯 껌벅이네

내일 밤은
별 중의 어느 별이
그리움 싸서 들고
별똥별로 떨어지려나

떨어지기를
귀뚜라미는 몸달아
어린애 보채듯이
우주가 떠나가도록 울고
달빛은 안달병으로
앓는 소리가
땅 꺼지게 누웠네

고적한 방

계곡물 소리처럼
청아한 불경 소리
진리를 설파하러
속세로 흐르고

무심으로 면벽하는
수도승에
다라니 외는 소리
내가 모르는 세상길
제멋에 가더라

속세를 해탈한
제멋에 지저귀는
맑은 산새 소리 법당에 들어
아미타불 염불 소리 되뇌면
참선에 오른 산새 소리
수도승이 되었네

호강스러운 사치

산노루 우짖는
절간 같은 방에
무심으로 염불해본 적 있느냐

중의 팔자가 아니라서
외롭게 사는 법을 몰라
차가운 외로움을 못 견디어
몸살감기 걸리고
한숨을 토해내는
헛기침 소리에
깨진 적막이 눈물로
찔끔찔끔 새는 밤

어정잡이로 하루를 보내고
내일은
어데로 무슨 꿈을 꾸느냐

눈물 없이만 살아도
행복이라는데
외로움쯤이야
호강스러운 사치 아닌가

아기 봄날

고사리손 내미는
아기 봄날에
주먹손 움켜쥔 가지마다
연둣빛 잎새 펼치고

낯선 세상과 만나는
하늘빛 고운 봄날에
연둣빛 잎새가
햇빛을 날름날름 삼키면
봄바람은 살랑살랑 키우고 있네

봄꽃놀이 소란한 새소리
왔다 갔다 우왕좌왕 곱게 미치고

진달래 개나리 핀 꽃길에도
얼레리 꼴레리
꽃에 미처 바람난 나비가
아침부터 곱게 미쳤네

외로움도 팔자라면

외로움도 팔자라면
고독도 즐기는가
야심한 밤
컴퓨터 앞에 홀로 앉아
글쟁이의 외로운 심사
생각은 환상의 꿈을 꾸면

그 옛날이 살아 돌아오는
환상의 발자국 소리
창가에서 두세 두세 빗소리로 들리네

어제 잊어먹은 행복은
낮에 만난 산수유꽃 그늘 아래
쑥들이 옹기종기 모여앉아
봄 이야기 도란도란 정겨운 모습
행복이 거기 있었는데도
못 보고 그냥 왔네

도시 별빛

도시 하늘에
고즈넉이 비어있는 공간을
구름으로 채우고
무너질까 두려워
아파트 기둥으로 받쳐놓고

하루해를 더 못 가게
전봇대에 매어놓은 전깃줄에
까마귀 떼 줄다리기로 잡아당기어
저녁 강으로 떨어지면

도시에는 파랑 빨강 노랑
색색의 별이 뜨고
까맣게 지운 도시 하늘은
구름으로 채웠던 하늘을
달빛으로 채우고

햇빛을 채우다 못다 채운 눈은
별빛을 다 채우고도 비어
어둠으로 채우고
눈 뚜껑을 닫았네

망각의 자유

여름 바다
해수욕장에서
갈매기와 파도 타고 놀다가
파라솔 밑에 보일락 말락
부끄러운 곳만 가리고 앉아
새우튀김에 씨앗이 된
캔맥주를 마시면
누구도 안 부러운 맛

갈매기가 끼룩끼룩 군침을 삼켜도
보고도 못 본 듯이
욕심나게 혼자 먹고 있네

캔맥주 빈 깡통마다
바람이 파도 소리 가득 채우면
술 취한 파도 소리
망각의 자유이어라

번갯불 언어들

비 오는 밤
전깃불이 나가고
촛불 켜고 글 쓰는 시인

퍼뜩
번갯불 언어들이
어둠 속에 스쳐 간다

잊기 전에
어긋나지 않게
언어들을 컴퓨터 창에
번갯불에 콩 구워 먹는 찰나

뻔쩍 전깃불이
퇴고를 한다

꽃새가 울었다

인생은
가난할 때 아름다운 것을
모르면서 술만 마셨다

비 오는 날에는
시간을 붙들고 목로주점
대폿잔에 푸념을 타서 마시면
넋두리가 취해서
허무가 비틀거리며
흥얼흥얼 발걸음이
아리랑 고개를 절로 넘었다

취한 술에 근심 걱정 해탈하고
돈짝만 한 하늘을 뱅뱅 돌리며
길이 좁도록 가는 세상길은
아름다운 꽃새가 울었다

늙도록 살아온 노동판에
아름다운 꽃새가 울었다

세상이 착각한 시인이 울었다

어렴풋한 언어들

한 시 두 시
글쟁이 외로운 밤을
말똥말똥 엮어서
컴퓨터 창에 올려 봤더니

무정한 언어들은
본체만체 외면하고
아래위 눈까풀은
입맞춤할 줄 모르네

창 너머
빠방 별이 쏜살같이
신작로를 드문드문 지나가고

드문드문 관념을 지나가는
잡히지 않은 어렴풋한 언어들은

밤마다 찾아오는
애달픈 님이어라

바위의 꿈

어쩌면 바위도
하늘을 나는 꿈을 꿀지도 몰라

산봉우리까지 올라
날지 못해 더는 못 가고
바람의 날개를 훔치려고
낙락장송 가지에 걸린
바람이 떨어질 때를
소나무 아래서
몇천 년을
기다렸는지도 몰라

바위가
먹구름 되어
바람에 날개 달고
하늘을 오르는 날
아마도
뻰쩍 하늘문이 열리고
천둥소리 요란할 거야

다행이더라

다가가지 않아도
등을 스치고 지나가는 세월에
뒤돌아보니
돈도 명예도 빈터이더라

꽃도 지고 나니 빈터이고
나비도 날아가고 오지 않더라
바람 지나간 자리 갔더라

돈도 명예도
무겁게 지고 오지 않아
노쇠 걸음이 가벼워
참 다행이더라

허둥지둥 오다 보니
홀가분한 게 노경(老境)이고
몸살 난 기억은
생각이 아프더라

봄은 소녀 마음

매화꽃 소녀 웃음이
봄의 전령사로 나비처럼 날아와
가지마다 줄줄이 앉아
산들바람에 나풀나풀
무용단이 되어 발레춤 추면

아지랑이 저만치로
입장권 사러 줄을 서고

참새는 왔다 매진되어
짹짹짹
씨부렁대며 그냥 가네

봄은 소녀 마음

깨금발 디딘 소나무

산꼭대기
천둥 치던 날
하늘에서 쫓겨난 먹구름이
먹바위로 떨어지던 날

날 좋은 날
햇빛에 들킬까 봐
몰래몰래 소나무 밑에 숨어서
밑으로 구를까 봐
소나무를 꼭 붙들고 있네

산 밑에
먼 산 보는 산노루
짭칠까 봐* 걱정이고
깨금발 디딘 소나무
바위가 구르면
같이 구를까 봐 걱정이네

*짭칠까 봐 : 조르다의 방언.

빈 커피잔

강 건너
높은 빌딩 불빛들이
강물에 비친 아름다운 그림자

눈 가득 아롱대는 피사체
눈 사진 찍기 놀이하다가

약속 없는
사랑이 올 것 같아
문 쪽을
자꾸자꾸 훔쳐보는 카페에서

커피 내음 같은 님에 향기
마시고 싶은 그리움

나도 몰래 비워진 빈 잔에
나도 몰래 채워진 그리움

순간에 길을 가네

혼자만의 깊은 사색이
순간을 사랑하고
꽃이 지기 전에
나를 꽃처럼 사랑하네

슬픔은 웃음이 그리워
세월이 그리움을 사랑하고

오늘이 내일을 사랑해서
순간을 춤추게 하면
찰나의 세월이 순간을 사랑하네

시간이 어제를 후회하고
희망이 좌절을 꾸짖고
미래가 나를 꿈꾸게 하면

불행은 행복이 그리워서
어젯밤 돼지꿈에 오늘을 부풀게 하고
나그네
부푼 꿈을 지고 순간에 길을 가네

길 잃은 달빛

창 너머 구름이
달빛을 삼키어
달 찾아가던 꺼먹새가
길을 잃었다

구름 속에서 빼꼼히
창문으로
내 외로움을 들여다보던
달빛도 길을 잃어
까만 창가에
외로운 그리움도 길을 잃었다

제2부

여인 같은 가을이다

그리움이 아프다

꽃 한 송이 피어
첫사랑처럼 웃고 있다

그리움이 아프다

꽃잎 줍는 비둘기

봄비가 내리고
가로수길에
벚꽃잎이 슬피 울며 지는데도
벚나무는 절대 슬프지 않았다

날이 개고
봄비 먹은 연둣빛 잎새
바람을 날름대고
새싹들은 좋아라
햇빛을 날름대네

다만 비둘기만
슬피 울며 꽃잎 줍는
가로수길로
늦 4월이
이별이 슬픈 줄도 모르고
숙맥처럼 바삐 가고 있다

지배자

까맣게 눈먼 밤이
아침으로 눈을 뜨면
지나간 인연 그리운 채
오늘 만날 인연이 궁금하여
낮도깨비 그림자로 따라오네

어제 쓰고 버린
말의 쓰레기 봉지는
가시나무에 펄럭거리고
오늘에 말 말들은
낮도깨비가 뒤에서 소곤거리네

나를 지배하는 보이지 않는 것들

공든 탑이 무너지네

봄이 으스대는
절 마당에
매화꽃 한창이고
만발한 향기가
법당을 들락거리면
불경 소리
찡긋찡긋 코웃음 치는 바람에
나무아미타불
수도승
공든 탑이 무너지네

슬픈 꽃잎

어둠을 삼킨 달빛이
강물에 어리고
물빛 위로
한때는 웃음이던 꽃이
꽃잎 동동
슬픔을 짓이겨 어허 딸랑
강물 타고 가는 길에
요령잡이 물새가 울면
강물도 상주처럼
따라가며 우는소리
밤바람에 오락가락
지나고 나면
더러는
오락가락 생각이 아프겠지요

뒤란에 감나무

가을이 오면 뒤란에
감나무가
멋자랑 맛자랑으로
빨갛게 뽐내는
늘어진 가지가
제힘도 겨운 주제에
초가지붕에 박이 구를까 봐
꼭 붙들고 짐 무거워
한 잎 두 잎
잎새를 떨구고 있는 어느 날

가을바람이
대문 덜거덩거리는 소리에
객지 나간 아들이
감 따러 박 따러 오려나
연신 문 쪽을 바라보는
애달픈 노모의 기다림

미친 나비

꽃은
내가 너를 예뻐해 주어
너는 웃어 주었다

오늘 들녘 길에
마음 주어 정이 들은 꽃

예쁜 자태 가슴 가득히
보고픈 님 생각에
그리움이 만발해서
사랑 마음 흘러넘칠 때

그때
앞바람이 마음 흔들거든
향기를 뒤바람에 띄워
나를 부르면
그때는 미친 나비가 되어
너를 너를 죽도록 사랑하리라

어릴 적 고향

옛날 애들 걸음으로
동네 길 한 바퀴 천 리 밖에서
눈 감고 돌다 보면

동네 앞 보리밭으로
똥장군* 지고 가는 인분 냄새나는 길로
옹기 물동이 이고 가는 노처녀 뒤에
극젱이쟁기 쓰레질하는 소 끌고
지게에 꼴짐 지고 가는 붙들이 아버지
호미질로 콩밭 매던 수건 쓴 개똥이 엄마가
울타리를 돌아 거름템을 지나면
저녁연기 피어오르는 동네

이엉* 위에 용고쇠* 덮은
초가지붕에 싸리문 달린 돌담집
안 마당에 절구통 뉘여놓고
자리개질*로 보리타작하던 어느 여름날

부엌문도 없는 부뚜막에는 가마솥 걸리고
아궁이에 부지깽이질로 밥을 하면

밥 끓는 냄새 위로 살강*에 사기 밥그릇
줄지어 포개지고

장광에 장항아리 옹기종기 모여 있는
뒤곁에는 감이 주렁주렁 매달린 가지가
초가지붕에 박이 구를까 봐
꼭 붙들고 있네

쓰러질 듯 행랑채 삐걱대문 안으로
바람벽에는 멍석이 층층 매달리고
헛간 시렁에는
맷방석, 삼태기, 도리깨, 새끼 타래 얹혀있네
외양간에는 덕석 입은 농이소*가
여물을 먹던 집으로

학교 길에 책보를 각개*로 둘러메고
호드기* 불며 가면
필통 속에 몽당연필이 발걸음에 달각거리고

논둑길에 아지랑이 앞장서면
놀며 놀며 집에 오는 길
서낭댕이* 마을지기 장승이 알아보고
무사통과시키면
노랑나비 흰나비 저만치서
봄소식 들고 우리 집 찾아가던 날

복사꽃 살구꽃 피는 동구 밖 길로
징검다리 건너온
아득히 먼 꿈같은 고향

*똥장군 : 똥을 거름으로 쓰기 위해 옮길 때 쓰는 농기구.
*이엉 : 짚 · 풀잎 · 새 등으로 엮어 만든 지붕재료 또는 그 지붕.
*용고쇠 : 볏짚을 엮어 초가집 용마루에 얹는 용마루.
*자리개질 : 짚으로 만든 굵은 줄인 자리개로 곡식 단을 묶어서 타작하는 일.
*살강 : 그릇 같은 것을 얹어 놓기 위하여 부엌의 벽 중턱에 가로 드린 선반이나 시렁.
*농이소 : 농우(農牛) 농사일에 부리는 소.
*각개 : 가케 또는 가깨라고도 칭했으며, 책을 보자기에 싸서 어깨에서부터 가슴을 가로질러 매는 형태.
*호드기 : 버드나무로 만든 피리.
*서낭댕이 : 서낭당의 방언.

문풍지가 울던 밤

사춘기 시절
이웃집 처녀 시집가던 날
괜스레
잠자리 뒤척이던 창가에
문풍지가 울던 밤
두고두고 그리워라

한 밤 두 밤
놓고 온 세월에
문풍지는 나 대신
얼마나 혼자 울었을까

창틈을 파고드는
늙은 바람 소리
괜스레 서글퍼라

늙음은 섧지만

글쟁이는 아름답다
젊게 살 수 있는 시가 있어 아름답다

시는 꿈도 있고 희망도 있고 청춘도 있다
그래서 시인은 늙지도 죽지도 않는다

늙음은
황혼 노을처럼 아름다운 것

오늘도 시인은 석양에 화가의 손으로
아름다운 황혼 노을을 그린다

늙음은 섧지만

금방 갔다

섣달그믐 자정으로
세월이
나이 한 살 내려놓고

설날 아침
떡국 먹고
설 쇠고 갔다

한 살 더 먹은 설날이
넙죽 절하고
세뱃돈 챙겨 가지고
금방 갔다

노을 가득한 마을

바다에 드리운
저녁노을을
파도질로
갯마을에 펴 올리면

노을 가득한 마을에
초승달이
부지런한 며느리에
들킬까 봐 노을 속에 숨고
노을은 어둠 속에 숨었네

굴 따던 아낙네
걸음걸음 따라온 파도 소리
불 꺼진 방에
님의 노랫소리로 누웠네

광안리 불꽃 축제

사람이 만든 풍경
하늘이 내려다보고
바다가 올려다보고
감탄하는
광안리 해변 불꽃놀이 축제

달빛도 별빛도
숨죽이고 있는 찰나
어둠이 불꽃을 꿀꺽꿀꺽 삼키고

입장료 없이 관람하는
불 켜진 아파트 창문마다
불빛들이 불꽃놀이 바라보면

광안대교 불빛은
밤새도록 불꽃놀이
잠도 없이 바쁘더라

마음 부신 옛날

사랑방 기침 소리에
구들장 식어가고
안마당 바깥마당
싸리비로 눈길을 쓸고 가면
뒤따라오며 눈이 내리네

아침 참새
아침거리 꾸러
이 집 저 집 왔다 갔다
담장 너머에서 바쁘고

소죽 끓여
사랑방 구들장이
다시 뜨듯해지면
기침 소리가
긴 장죽에 불을 붙인다
자욱한 담배 연기에 허기져

아침 밥상머리
동동주 해장술이 생각나
꿀꺽 입맛부터 다시는 아침

어둠이 햇빛에 깨져
눈 위에 박살 난
옛날이 마음 부시네

눈물 훔치는 12월

열두 징검다리를
껑충껑충 건너뛰는 세월이
웅크리고 앉아 두꺼비 파리 잡아먹듯
하루하루를 삼키면

계절은 세월에 밥이 되고
12월을 종신하는 설한풍이 앵앵 우는소리에
내 곁을 떠난 사람들이 그리워 뒤척이는 밤

돌이켜 보니 흔적 없는
귀신 씻나락 까먹는 노랫소리에
허송세월이
각설이 품바 춤추며 왔다 가네

산사 외딴집처럼 고적한 겨울밤
동행하던 달력이 이별이 슬퍼
눈물을 자꾸 훔치고 있네

매미 소리

그 작은
몸짓으로
스피커도 없는데
동네가 떠나갈 듯
울부짖는 매미 소리

나무 그늘에 앉아도
더워
허파로 열기를
버텨내는 매미 소리

소프라노 작사 작곡
부르는 여름 노래
바람은 매미 소리 따라갔나
낯짝 코빼기도 보이질 않네

여인 같은 가을이다

아름다운 여인처럼
스쳐만 가는 가을바람에

여인의 내음처럼 풍겨오는
들국화 향기에
가을 나비 왔다 간 자리

낙엽 한 잎
눈부시게
화려한 여인의 몸짓처럼
살포시
꽃 위로 내려앉는 가을이다

입장료 없이 사는 세상

입장료 없이
공짜로 사는 세상
해가 뜨고 달이 뜨고
얼마나 좋으냐

어제도 가고 오늘도 가고
불평불만할 시간이 어디 있나
삼라만상 해 저물면

내가 그리워하는 사람
나를 그리워하는 사람
꽃길로 동행하여
러닝머신으로 가자

세월 세는 소리

아침에 떠난 가을은
해가 저물어도
돌아오지 않고

그리움만
노을을 짊어지고
산 그림자로 차갑게 돌아오네

어둠이 해를 삼킨 자리
별이 뜨고
하루 종일 말도 많은 말들은
달빛 속에
고즈넉이 잠들고

오밤중인 겨울밤은
잠도 없이
똑딱똑딱 세월 가는 발자국 소리

예술은 죽지 않는다

인생은 숨 쉬는 예술이다
그 숨소리를
걸어놓고 가는 것이 역사이고
공간에 걸려
숨 쉬는 예술의 존재이다

예술은 죽지 않는다
다만 침묵 속에 잠들 뿐이다

나는
죽어도 살은
언어 예술의 존재이다

하루

어젯밤
달빛을 새치기로
앞장선 햇빛이
바람에 얻어터질까 봐
납작 엎드려
엉금엉금 기어가다가
땅바닥 사금파리에 부딪혀
쏜 화살이
높은 교회당 십자가에 꽂히고

어제를 후회하기 싫은 오늘은
눈부신 차창으로 달리면

약속시간 없이
만나러 가는 인연들은
기쁨일까 슬픔일까
궁금해서 따라오는 그림자
시간이 바라보고 있네

단청(丹靑)

고풍 한 산사
추녀 끝에는
봄여름 가으내
단청으로 단풍 들어
눈이 와도
낙엽으로 떨어지지 않고
사시사철 풍경소리 듣고 있어라

절에 나이를 세는 목탁 소리는
천년을 세고 또 세고

마당 귀퉁이 고목은
나이를 먹고 또 먹고도
제 나이를 몰라
산새가 날아와
나이를 지저귀다 가네

가을 도둑놈

진서리 때리면 날 궂는다는
어머니 철학이
적중해서 비가 오더니

어젯밤 골목길에
두세 두세 가을을 훔치러
겨울 도둑놈
지나가는 소리 나더니

담 너머 뒷골목으로
가을을 보쌈해서 업어갔다고
길을 지키던 새벽 가로등들이
봉화(烽火) 불처럼 전달 전달
수군거리네

제3부

공간에 두고 가는 언어

동창생

친구야
너를 처음 만났을 때 나이

지금 만났을 때 나이
처음 만났을 때 나이만큼
세상이 남았을까

초등학교 때
꽤나 똘똘하게 생긴 너
말이 없던 아이
너의 인상에 끌려
학교에서 만나면 괜스레
그렇게 좋기만 하던 너

만나면 무슨 얘기할 수 있을까
그때 마음 그대로인데
아침노을에 만나서
저녁노을이 슬피 진다

친구야 지금도 아침노을은 뜬다

그때 흘린 동심을 주우러
덕암학교로 퍼뜩 가보자

늙은 장미

국화꽃이야
제철에 피어 아름답지만

제철이 아닌
가을에 피는 장미는
불쌍하게 초라한 너
예쁜 얼굴 울고 있구나

오월에는
청춘이 아까운 줄 모르고
흔전만전 뽐내더니

예쁜 얼굴 가을로 늙어
아침 찬 서리에
눈물방울이 글썽 맺혀 있구나

향나무꽃

앉은뱅이 향나무 위에
낙엽이 꽃잎처럼 낙하하던 날

길거리 떨어진 낙엽은
노숙자가 되었는데
향나무에 떨어진 낙엽은
향나무꽃이 되었네

구름 속에 햇빛은
흑백이었다가 칼라였다가
조명으로 꽃을 비추고

지나가던 바람은
향나무꽃 구경에 넋 빼놓고 가네

나뭇가지에서 내려다보던
새 한 마리
무슨 꽃인지
갸웃갸웃 헷갈리고 있네

늙은 소녀야

늙은 소녀야
알밤 주우러 가자

산국이 피어있는
가을 냄새나는 노란 길에
풀벌레가
가는 계절이 서글퍼서
마른 꽃대 잡고 울면

꽃잎도 슬피 떨어지고
호사스러웠던 청춘이
가을로 우네

꼬부랑 꼬부랑 할머니야
소녀 걸음으로
알밤 주우러 가자

가다가 날이 저물면
낙엽이 떨어지는

귀뚜라미 우는 밤을
꼭꼭 묶어 매고

첫눈이 오기 전에
함게
이름 좋은 낭만 카페에서
커피 한 잔 마시며 쉬었다가
천천히 러닝머신으로 가자

등산로 시계

배고파 허기져야
12시를 알리던
배꼽시계가 없어지고

세상이 좋은 건지
산길에도 시계가 걸려
나무들이
이리 갈까 저리 갈까
엉거주춤
시간을 보며 망설이고 있네

바람 소리 물소리
점심시간 보러 왔다 가고
구름 나그네
12시가 되었다고
점심 먹으러 재 넘어가네

새들이 약속 시간 늦었다고
지저귀며 날아가고

바위는 1 2 3 4를 몰라
쳐다만 보고 있네

낚시쟁이

파란 솔잎 사이로
파란 바다가 보이는
해변에
파도 소리
깃발처럼 펄럭이면
갈매기가 물어다
서리서리 매어놓은 갯바위에
낚시쟁이 엉겁결에
고깃배 한 척 땡기고 있네

가시거리 섬 하나
성급히 석양을 먹더니
노을로 토해낸 풍경
낚시로 얼렁뚱땅 땡기고 있네

그립기도 하겠지요

사노라면 살겠지요
시련과 아픈 고통 사노라면
견디며
지나가기를
기다리면서도 살겠지요

사노라면
세상 거기에
꽃도 피다 지겠지요

내가 지나간 발자국에
눈물도 고이고
떨어진 꽃잎도 쌓일 테지요

사노라면
늙어지고
때로는 그립기도 하겠지요

빈 배

새벽 강 물안개 피면
사공 없는 배 한 척 떠 있고
강나루 잠자던 물버들
포구를 건너가려
물그림자로 어리면

사공을 기다리는
빈 배가
조바심으로 안달이 났네

멀리서 동이 트고
헛기침 소리 들리면

담배 연기
물안개처럼 날리며
사공은 오시려나

하루는 아름답다

아침 바다는
햇빛이 내게
윤슬로 다리를 놓아
내 오늘에 꿈을 건너게 하고

저녁이면
지나간 하루의 삶을
햇빛이 하늘에다
노을 그림일기를 쓴다

인생에 하루는 아름답다
노을처럼

귀뚜라미 우는소리

구름에 얽힌
달빛을 풀어내어
제 울음을 묶어 매고
온 밤을 완창하는
귀뚜라미 흐느끼는 소리

이 좋은 가을
살기 바쁜 날에

기구한 팔자라서
웃음소리 한번 못 내고
찬 서리 내리는 밤을
서럽게 울어대는
통곡 소리에
밤바람도 울고 간다

한가위

추석 명절은
어머니가 계신 고향 같다

대문 앞에
배롱나무꽃은
마중 나온 어머니 얼굴 같고
향기는 어머니 내음 같다

한가위는
어머니가 빚은
동보송편 맛이고

제사상에는
슬픈 어머니 웃음을
놓고 가시는 배웅길에

황금 들녘을 달리는 고향 열차
어머니 영혼이
추석 명절 쇠고 가신다

소모는 아이

하루해가
숨바꼭질 놀이로
소나기구름 뒤에 숨고

후드득후드득
소낙비가 내리면

가을 농부 손발이 바쁘고
소모는 아이 빡빡머리 젖을까
소 궁둥이가 아프다

링링 태풍

말 탄 병사처럼
태풍이
황산벌을 질풍같이 달린다

휘두른 칼바람에
모과가
병사의 목처럼 떨어져
풀밭에 뒹구는
새파란 청춘 아까운 목숨

화랑 관창의 숨소리가
애절하게 들린다

태풍에
신라의 승리 깃발이 펄럭이더니

태풍이 휩쓸고 간
전쟁이 끝난 평화의 아침

공간에 두고 가는 언어

사람들이
살아온 삶이
하루의 저녁노을이라면
얼마나 많은 아쉬움을
노을처럼 아름답게 두고 갔을까

그 아름다움이 시라면
저녁노을은 미완성이지만
무한히 아름답지 않은가

그 아름다운 언어 예술의
창작을 세상과 공유하며
잘 쓰고 못 쓰고가 문제가 아니라
내가 이 세상 왔다가
공간에 두고 가는 영혼의 언어가 아닌가

나는 그 언어를 지워지지 않게
다른 영혼이 공유할 수 있도록
책 공간에 두고 가는 시인이다

외로운 축제

잡힐 듯 잡힐 듯
잡히지 않는 언어 향기가
졸음을 잡아먹고
말똥말똥 긴 새벽
애달픈 달빛만 창문에 걸렸다

달아나던 잠이 달빛에 붙들려
심란한 언어들이
창가에서 웅성거린다
키보드에 잡히지도 않은 채
마음만 애달파서
어두운 밤을
나르는 밤새가 길을 잃었다

깊이깊이
어둠으로 빠져든 시인은
향기 나는 언어가 그리워서
밤바람에 별빛으로 떨어진
글귀 주우러
잡초밭을 헤매다가

빈 망태기만
덜렁덜렁 돌아왔다

참 많이도 외로운 밤이다
누구도 없이
미운 놈 고운 놈 언어는 돌아가고
외로운 축제만 화려한 밤이다

연습하다 가는 것

죽음은 슬프지만
인생은 아름답지 않은가

아침 해는
하루 종일 하늘길 걸어서
노을로
아름다운 그림일기를 쓰고

일생을 살다 가는 삶도
하루해처럼
미완성 그림일기를 쓰네

인생은
완벽도 완성도 없는 것
서툴고 미숙한 오늘을
능숙한 내일로 가기 위해
아름다운 그림일기를
쓰다 가는 것

해변에 꽃

이름 모를 꽃 한 송이
해변에서
파도 소리 듣다가
갯바위에 파도가 부서진
에메랄드를 주어서
목걸이 목에 걸고
예쁜 척 기다려도
아무도 오지를 않네

가시거리 정박 중인
섬 하나 돌아오면
그리운 님
님 오시려나

섬에서 날아오는
갈매기에 물어봐도
갈매기 언어를
알 수가 없다 하네

명동 거지 여인

명동 거리는
떨어진 걸레바지 입고
걸어가는 절세미인의 거리

떨어진 청바지에
허벅지 속살 다 나와도
부끄러운 줄 모르는
거지 여인

보면 볼수록 얼굴보다
허벅지가 매력적인 여인

어제도 가더니 오늘도 가고
아까도 가더니 지금도 가네

머플러에
라이방 쓴 여자

제4부

오동잎 떨어지는 밤

날마다 오늘처럼

고독으로 생각이 피곤해서
앓아누운 감기 몸살을
치유하는 약
커피 힐링으로
정화되어 나를 나로 만든
아메리카노 커피

병 나은 웃음
감기 코 뻥 뚫리고
꽃새가 날아가는
티 없이 맑은 하늘아

날마다
오늘처럼 거기 있어라

대폿잔

비 오는 날
빈대떡 생각에
입맛이 먼저
쌍지팡이 짚고 집을 나서네

꿀꺽꿀꺽
숨넘어가게
막걸릿잔이 바쁘면
입 벌리고 있는 빈 잔

술에 쩔은 주전자가
주설 나게 빈 잔을 채우면

문밖에
술 취한 빗방울 소리

빗방울에 작살나게
얻어터진 주정뱅이가
쓰러질 듯 쓰러질 듯
호랑나비
흥국이 춤추며 가네

코에 넣은 콩

자발머리 없이
성질만 가지고
세상 살아지든가

코에 넣은 콩이
익도록 참아내야 되는 것을

타향살이 서럽도록
행세 못 해
참고만 살기가 죽음 같아서
지고 사는 법을 배웠더니
참는데 명수가 되고
견디는 불사신이 되어
풍요로운 인생으로 바뀌더라

성질 안 내고
순박하니까
세상이 착해지더라

그게 아지랑이였다

꽃은 언제 봐도
화내는 법이 없다
꽃은 어떤 꽃을 봐도 웃는다

꽃은 첫눈에 반한 내 연정을
배신하지도 않고
나를 버리지도 않는
꾸밈이 없는 순박한
향기 나는 사랑이다

그러나
꽃은
가는 길에 꽃잎으로
슬픈 꽃 이름 써 놓고
나를 두고 가버리는 뒷모습
그게 아지랑이였다

사랑은

사랑은
아무나와 되는 것도 아니고
이 세상 누군가를
사랑할 수 있는 사람이 있다면
이 세상에 온 보람이고
삶에 대한 바램이다

사랑은
고단한 삶에 아픔을
치유하는 명약이고
병 나은 웃음이다

이 세상
누군가를
사랑할 수 있는 사람이 있다면
그것은 신이 주신 선물이고
하늘이 내린 영원한 행복이다

펑크 난 데드라인

아름다운 세상에
꽃동산으로 소풍 왔다가
약속되지 않은 인연과 만나
꽃이 예쁘다는 말에 동의하고
함께 꽃길
동행하자 약속해 놓고
먼저 떠난 사람
근사한 허풍으로
자랑 한 번 못 하더니
나만 혼자 남아
젊음 하나 못 챙기고
질질 흘리고 오라이 하다가
다시 찾으러
뒤로 빠꾸 한번 못하고
빵꾸 난 데드라인

땅거미 지는 밤

땅거미 지는 밤에
별 따러 까만 하늘을 나는
까만새가
별을 따서 풀밭에
별똥별로 떨구면
풀밭에 풀벌레는 별똥별을 먹고
별밤을 울며 별의 노래를
밤새워 불렀다

오늘도
풀벌레는 까만새를
기다리느라 소란한 밤
오늘 밤은
별똥별이 어디로 떨어질까

아카시아 꽃향기

아카시아 하얀 꽃향기
흐드러지게 만발하고

발밑에 철쭉꽃은
분홍빛으로
멋자랑 살랑대다가
아카시아꽃 향기가 욕심나

바람아 싸게 싸게 불어라
꽃향기가 떨어지도록

유월 바람이 싸게 싸게 부는 날
향기는 떨어지고
하얀 백 포도송이만 대롱대롱 열렸네

봄나들이

봄은 저 산 너머에서
진달래 피었다고 산꿩이 울면
청보리밭을 지나온
고향이 두메산골인
시골뜨기 꽃바람은
저 언덕 양지에서
머위나물을 살랑살랑 키운다

머플러에 라이방 쓴 서울 처녀
봄나들이 핑계 삼아
청계천 개울 타고
연달은 지하철처럼 도심을 빠져
꽃나들이 나가고

하늘에는
산골구름 도시구름이 정답게
봄나들이 천천히 가고 있다

슬픈 전설

진달래 먹고
꽃물들은
마음 고운 꽃사슴아

등산로 두고 너만 다니는 길로
숨어서 숨어서
근사한 멋자랑 한 번 못한
마음 고운 꽃사슴아
멀리서 꽃 진다고 산꿩이 운다

풀벌레 슬피 우는 산천에
아랑곳없이 산나리꽃은 피고

정처 없는 김삿갓구름이
높은 봉우리 넘다가
낙락장송 가지에
바람의 시 한 수 나풀대는
마음 부신 산길에

다람쥐는 도토리 풍년 들라고
마애불상 앞에서
두 손 모아 빌고
산비둘기는 마애불의
슬픈 전설을 구구 댄다

바람난 산꿩이 운다

주먹 쥔 아기손 새싹들이
다투어
구름 속에 햇빛은
들락날락 파랗게 키웠다

봄나물이
입맛을 키우는 언덕에는
어정잡이 아지랑이가
저만치서 햇빛을 살라
여우불 태우고

노랑 민들레 핀 풀밭에
바람난 노랑나비가 곱게 미치면
건달바람도 이 꽃 저 꽃
왔다 갔다 걸터음*으로 미치고

보리밭 지나가는
보리피리 소리
보리 모가지 배속에 숨어서 엿듣고
진달래 꽃길에는
바람난 장끼가 까투리를
목 터지게 부르는 봄날

* 걸터음 : 지나치게 욕심을 부린다.

속 터지게 바쁘네

봄 처녀 치마폭이
걸음마다 펄럭거리면
노랑나비 흰나비
날 때마다
날개가 펄럭이는 봄날에

여기저기 꽃들은
지천으로 다투어 소란이 피고
바람은 이 꽃 저 꽃 꼬시느라
왔다 갔다 아낌없이 바쁘면

괜스레
봄 처녀 들뜬 마음
싱숭생숭 바쁘네

야속타
꽃잎은 바람에 지고
계절은 세월 따라 속 터지게 바쁘네

거짓말 같더라

올 사람도 없이
기다리는 그리움
어제를 보내고 오늘을 살며
혹여
내일을 기다리는 게 삶이고
그렇게 살아지더라

욕심으로 살면 어렵고
마음 비우면 쉽게 살아지더라

화내는 것은
주어진 시간을
내가 나를 속박하는 일이고
참는 것은
주어진 시간을 사랑하는 일이더라

쓸 놈은 가고 못쓸 놈은 남아
마음 걸리적거리게 살아도
세상은 그립더라

늙고 병든 게 믿기지 않고
죽음이 온다는 것은 거짓말 같더라

그리움 때문에 사는 인생
지옥과 천당은 그리움도 없다더라

빈손

이 나무 저 나무에서
시든 낙엽이
가을로 떨어지고
잎이 떨어질 때마다
늙은 소년은 추억한다

나뭇가지는
빈손 들고 눈 내릴
하늘을 올려다보며
겨울 걱정하더니

하늘에는 겨울밤 달이 뜨고
별들이 눈송이처럼
대머리 이마에 내리면

옛 사랑방 이야기책 소리
눈 감고 귀 막아도
늙은 소년은 들린다

추억은 아름답다

말 못 하고
사랑하던 사람
두고두고 그리운 사랑

기억만으로도
꽃 피는 행복인데
무얼 더 바래

그래도 못 잊어서
짝을 찾는 새소리
안타까이 저무는데
행여나
그대 바람으로 오시려나
밤바람만 가슴을 스치우네

황혼 노을처럼
마음 부신 그리움
추억은 황홀하게 아름답다

부채춤 추는 나비

헤어날 수 없는 그리움
이 꽃 저 꽃 꽃마다 매어놓고
향기 뿜는 그리움

행여나
바람으로
그대 오시거든

꽃술에 매달린 향기를
살랑살랑 흔들어서

떨어진 향기로 재단된
날개옷 갈아입고

나비처럼
부채춤 추며
사뿐사뿐 가시옵소서

오동잎 떨어지는 밤

밤마실 갔다 오는 밤
구름 속에 숨었다가
빼꼼히 얼굴 내민 달빛이
내 기억을 찾아내면

좀생이별을 보고
어림짐작으로
으슥한 밤을 알아낸 소년이
밤새 우는소리에도 소름 돋는 밤

달빛 밟고
기적소리가 개울 건너왔다가
징검다리 건너가는
고즈넉이 공허한 밤

오동잎 떨어지는 소리
외로움과 동행을 하면
부엉이 소리
머리끝 쭈뼛쭈뼛 소름 돋우고
귀뚜리 소리도 꼭꼭 숨는 밤

호젓한 바람에
발걸음 빨라지는 밤

물그림자

삶이 목말라
바가지도 없이
무릎 꿇고 엎드려
샘물가에서 물을 먹다가
샘물 속에
언제 본 듯한 사람이 있어
반가워서
아는 체 말을 걸었더니
나처럼 말이 없네

돌아와 생각하니
두고 온
그 사람이 궁금하여
다시 가 이름을 물었더니
손짓 발짓으로 말하는
벙어리였네

제5부

낙엽처럼 날아가자

꽃바람

내 발걸음과
동행하다 정든 5월의 바람아
삼복더위 뜨거운 날에
땀방울처럼 눈물 나게
네가 그리워지면

너는 계곡에
폭포수로 떨어져
더위가 산산이 부서지고 깨지는
피서로 흐르다가

가을이 오면
여인의 치맛자락 날리며
한 떨기
멋쟁이 꽃바람으로 돌아와
배롱나무꽃 짙은 향기로
스산한 내 마음을 간지럽혀라

꽃구경 불구경

햇빛이 바람을 거느리고
꽃구경 행차 중에
진달래 핀 산길에
당도하니

노랑나비 흰나비
살랑살랑 진달래꽃을
날개 부채질로 불장난하다가
온 산이 불이 붙어
분홍빛으로 활활 타고 있네

산꿩은 불났다고
소리소리 지르는데
소방헬기는 물 푸러 가더니
오리무중 소식도 없고

바람을 거느린 햇빛은
꽃구경 왔다가
불구경만 하더니
저만치서 4월을 쫓고 있네

5월이 둥실 떠가네

파란 보리피리 소리
지나가는 5월에

보리 모가지
초록 수염이 누렇게 늙어가고

여인에 머플러를 날리는
멋쟁이 바람은
내 가슴만 펄럭펄럭 열어놓고
노랑나비 따라 논둑길 지나가면
개구리울음 뚝 그치고
민들레꽃만
조용조용히 웃고 있네

햇빛이 걸려 있는
미루나무 꼭대기
조각구름 매여지고
드높은 하늘새 맴맴 돌면
싱그러운 5월 마음이
둥실둥실 떠가네

한 떨기 양귀비

오늘 들길에서 만난 인연
빨간 립스틱 짙게 바른
천하일색 양귀비가
나를 유혹하던 입술 자욱이
밤하늘에 별이 되어

밤마다 뒤척이는
잠 머리에
그리움이 반짝이는
별님이 되었네

그대로 있어라

꽃은 아무리 봐도
예쁘고 예뻐서
나를 나를 미치게 만드는 유혹이다

예쁜 사랑아
네 유혹에 미치게 빠져도 좋다

마음에 꼭 드는
5월의 바람같이
왔다 가지 말고
너는 거기 남아

세월이 강물처럼 구름처럼
흘러가도
거기 남아

내 눈에 안기어 그대로 있어라
내 서정이 무딜 때까지

그리움만 타는데

구름 속에 숨었던 달빛이
빼꼼히 얼굴 내밀고
창문으로
내 외로움을 들여다보다가
다시 구름 속에 숨으면

별빛 찾아가던 첫사랑 그리움도
길을 잃고

내 가슴 스치우던 바람도
길을 잃어
그리움만 타는데
내 가슴 슬프도록 저며내는
귀뚜라미 소리
길을 잃고
밤바람에 오락가락 되뇌이네

포도가 익어가는 시절

햇빛에 벙글어 가는
목마른 포도송이가
송알송알 송이마다
밤이슬 방울이 맺혀있네

어젯밤 별빛이
별똥별로 수없이
포도밭으로 떨어지더니

아침 햇빛에
이슬방울마다 별빛이
빤짝이는 포도송이가
어젯밤
아무도 모르게
보랏빛으로 물드느라
풀벌레는 그렇게 숨어서
밤새워 울었나 보다

단맛으로 농익어가는 7월에

괜스레 슬프고 싶다

궂은비 내리는 밤
삶의 시간들이 멀어져 갔네

어제 피던 꽃들이
지고 나니 그만이고

흘러간
꽃피우던 말들은
화무십일홍일세

세월이 가도 잊히지 않는
눈물겨운 인연들이
빗속을 유리창으로
밤마실 왔다 가는 밤이면
세월 실은 기적소리
서글프게 멀어져 가네

세월은 후회 없이 살아도 슬프고
후회하며 살아도 슬프네

비 오는 밤은
괜스레 슬프고 싶어라

예쁘지나 말지

철망 울타리에 불이 났다
담 모퉁이에도 꽃불이 났다
소방관이 가시에 찔릴까 봐
접근을 못 한다

유월 장마 비바람에도
점점 더 활활 타오른다

찬 서리가 내려도
잔여 불이 꺼질락 말락
타고 있는 장미꽃

예쁘지나 말지

시의 나래를 펴고

시인들은
아름다운 세상 속으로
시의 나래를 펴고
파란 하늘을 나는 꿈으로 산다

어차피
인간은 행불행을
생각의 방법으로
긍정과 부정의
차이를 두며 살아간다

시인들은
긍정적인 꿈의 나래를 펴고
파란 하늘을 나는
새의 노래를 먹고 산다

때늦은 시작인 것을

창가에 비가 내리고
겨울이 두세 두세
지나가는 기척 소리
내다보던 유리창이
훌쩍훌쩍 눈물을 훔치고

슬픈 이별이 눈물을 거두면
겨울이 떠난 빈집에는
아침저녁 봄바람이 드나들겠지

떠나간 슬픈 기억들은
왜 이리 슬픈지
아리게 아리게 지나간 세월이
나만 아픈 것은 아니겠지요

아집으로 구속되어 살아온 세상
집착으로 늙고

허허로운 세상 후회가
때늦은 시작인 것을
살다 보니 살아지는 것을

내 생전에

언뜻
지나가는 차창으로
퍼뜩 별 하나 스쳐 간다

아주 옛날에
차라곤
산판 장작 실러 온
도락구* 구경하던 날 밤

마실 갔다 올 때
걸음걸음 따라오던 별이
지금까지 늙지도 않고
자가용
차창으로 쌩쌩 따라 오네

*도락구 : 일본어로 트럭을 일컫는다. 트럭이 변하여 도락구가 된 것이다.

하늘을 때운다

비가 온다
하늘이 샌다
큰일이다
우르릉 꽝
하늘이 깨져 금 가는 소리

용접공이 퍼뜩 올라가
전기 용접으로 하늘을 때우면
지지직 지지직
용접불이 번개 친다

덕유산 설경

덕유산 산봉우리마다
적설로 하얀 눈꽃이
나무마다 상고대로 만발하고

산봉우리 오르느라
고생도 팔자인 구경꾼들은
눈에 담은 피사체를
마음에 욕심껏 담아
흔전만전 구경하네

꺼먹바위는
흰 눈사람이 되어
겨울 설경을 바보처럼 웃고

낙락장송 가지마다
흰 눈이 무겁다고
낑낑거리는 신음소리
눈 위에 꽁꽁 얼어붙었네

쌓인 하얀 눈길에
단풍에 물든 구경꾼들은
입장료 없이 줄 서서 오르네

한라산

남해 바다에
화물선이 한라산을 싣고
목포항으로 들어오다
유달산이 텃세를 해서
부산항으로 뱃머리 돌렸더니
용두산이 버티고 있네

여기도 저기도 입항 못 하고
수천만 년이 지났어도
아직도 정박 중이네

꼴세가
목포항에도 부산항에도
하역하기는 영 글렀으니
화물선이 싫은 한라산으로
유람선 타고
너랑 나랑 퍼뜩 구경 가보자

바람꽃

손을 내밀어도
잡히지 않는 봄 내음은
저만치 앞장서 가고

겨울이 돌아앉은 산모랭이
봄 그림자 아롱대면

온기가 냉기를 덮은 언덕에
노루귀꽃
가랑잎 들추고 성급하게 피어
봄이 오는 소리 귀대이고 있어라

부스스 겨울을 털고
일어선 바람꽃은
아직이라고
고개를 살래살래 흔드네

낙엽처럼 날아가자

내 안의 나를 찾아
내가 나로 살자
아집에 구속되지 말고
주인 없는 파란 하늘에
자유를 욕심껏 끌어안고
철철이 바뀌는
세상 풍경 바라보며
세월이 가자는 대로
철철이 바뀌는 계절처럼 살자

비바람 폭풍으로 가다가
시린 눈보라에 휘날리다가
봄꽃 흔드는
꽃바람이었다가
가을바람에 낙엽처럼
파란 하늘로 마음껏 날아가자

하늘은 마음도 넓다

나뭇가지에
찢어진 햇빛이
하늘 몰래
나무 밑에 숨었다

가지에 앉은 새가 그걸 보고
하늘로 날아가 고자질해도
하늘은 알면서도
모르는 척했다

그래서
하늘은 마음이 바다처럼 넓다

딱 걸려 버렸네

산이 높다 하되
나무 아래 있고
하늘이 넓다 해도
나뭇가지 사이 끼어있네

한 치도 안 되는 내 눈은
하늘을 담고
산을 다 담고도 비어있고

텅 비어있는 우주 공간에
또 하나에 비어 있는 허무는
바람이 채우다 못 채우고
몰래몰래 그냥 가다가
나뭇잎에 딱 걸려 버렸네

시인의 자아성찰(自我省察) 혹은 타협(妥協)

윤제철(시인 · 문학평론가)

1. 들어가는 글

시인은 자신의 모든 이야기를 직접 하지 않는다. 하고 싶은 이야기를 사물 중에 하나를 매체로 삼아 대신해 주기를 바란다. 지금은 내 생각을 글로 표현하는데 몰두하지만, 시를 쓰기 전에는 그 대상이 따로 있었다. 어떤 구조물을 만들기 위해 돌이나 벽돌 따위를 쌓는 일이었다. 그로 인해 튼튼한 벽을 세우는데 공헌한 끝에 기능장이 되었다. 기능장은 기능계 기술 자격 중 가장 높은 등급으로써 학문연구의 금자탑인 박사나 다름없다. 그야말로 예술의 경지에 다다른 공인이다. 다른 시인들이 오랜

기간을 습작으로 정신적 감각을 연마할 때 신영철 시인은 손으로 다듬는 기술로 자아성찰의 원숙한 인격도야의 경지에 도달했다.

평소에 자신을 낮추고 상대의 의사를 존중했지만, 세상은 모두가 그렇게만 받아들이지 못했다. 안타까운 마음으로 참고 견디며 삭이고 겉으로 내색하지 않았다. 슬픔과 괴로움을 모두 뱉거나 쏟아내기 위해 마음속에 응어리를 글로 토해내야 했다. 그로 승화된 시들은 아픔의 이미지로 한편 두 편으로 우리 가슴에 스며들었다.

2014년 월간『문학세계』로 시 부문으로 등단하여 다섯 번째 시집을 내겠다며 원고를 보내왔다. 어느 시인보다 가깝게 지내던 터라 좋은 서평을 쓸 수 있겠다 싶어 반가웠다. 그리고 몇 편을 읽어보면서 지난번에 냈던 시집의 시들보다 신선한 감각으로 필자를 끌어당기고 있었다. 자신에게 인정받는 시인이 되고 싶어 하는 신영철 시인의 마음에 흡족한 시가 되기까지는 아직도 갈 길이 멀다 하겠으나 기대를 거는 눈빛이 반짝이고 있었다.

신영철 시인의 제5시집『그리움이 아프다』는 제1부「꽃새가 울었다」, 제2부「여인 같은 가을이다」, 제3부「공간에 두고 가는 언어」, 제4부「오동잎 떨어지는 밤」, 제5부「낙엽처럼 날아가자」로 구성되었다.

2. 시인의 자아성찰(自我省察), 혹은 타협(妥協)

①「꽃새가 울었다」에 담긴 타협과 후회

맞서고 싶지 않다. 고집을 피워 이기면 무엇 하나, 타협을 하고 굴레를 벗어나고자 울면서 후회하며 한 마리 꽃새로 아름다움을 그린다.

여보게 친구야
오해 풀고 가자꾸나
이제 우리
그만둘 만큼 세월이 갔지 않는가
지지고 볶고 따진다고
더 사는 것도 아닌데

짧은 세월에 만난 인연
좋아도 나빠도
외로운 게 인생인데
세상을 그만두는 날까지
그냥저냥 살자

어디 그리
세상이 내 맘대로
살아지는 것도 아닌데

—「그냥저냥 삽시다」 전문

친구는 세상이다. 마음먹은 대로 살아지지 않는

세상살이다. 불편하고 고달픈 세상과 더 이상 맞서지 말고 갈등 속에서 벗어나고 싶다. 하나의 오해가 얽히고설키고 풀 수 있는 기회가 많이 있었건만, 알량한 자존심 때문에 지고 싶지 않았다.

이제는 더 이상 지지고 볶고 따지고 싶지 않다. 이래도 한세상 저래도 한세상 사는 건 마찬가진데, 이기면 어떻고 지면 어떨 건가 아무것도 아닌데 고집을 피울 이유가 무언인가. 이겨본들 상처만 남아 아픈 것을 차라리 지고 말 것을 어찌 그리 힘들단 말인가.

어차피 외로운 인생 그냥저냥 살자고 한다. 특별한 일 없이 되는대로 살자고 타협을 짓고자 한다. 상대와 지지 않고 서로 이기면 좋으련만 지기를 싫어하는 자존심 때문에 굴레 속에 빠져 사는 생태를 준엄하게 꾸짖고 있다. 그러나 내 맘대로 살아지지 않는 세상을 화자도 그 안에 일원으로 어쩌지 못하고 아픔을 짊어지고 외롭게 살고 있다.

인생은
가난할 때 아름다운 것을
모르면서 술만 마셨다

비 오는 날에는
시간을 붙들고 목로주점
대폿잔에 푸념을 타서 마시면
넋두리가 취해서

허무가 비틀거리며
흥얼흥얼 발걸음이
아리랑 고개를 절로 넘었다

취한 술에 근심 걱정 해탈하고
돈짝만 한 하늘을 뱅뱅 돌리며
길이 좁도록 가는 세상길은
아름다운 꽃새가 울었다

늙도록 살아온 노동판에
아름다운 꽃새가 울었다

세상이 착각한 시인이 울었다

—「꽃새가 울었다」 전문

인생은 누구든 처음 살아본다. 경험도 없고 살면서 알아 왔다. 가난한 게 아름답다지만 아직도 다 알지 못한다. 비 오는 날은 슬픈 날이다. 슬픔을 이겨내려 술의 힘을 빌렸다. 그 길이 아리랑 고갯길이다. 취해서 모든 것을 지워버리고 새로 시작하였다.

넓기만 한 세상은 술로 가려서 돈짝만 하게 만들어 내 맘대로 주무르다 보면 온 세상은 아름답게 보이지만 가슴은 꽃새로 울고 있었다. 그러다 다시 돌아와 다시 시작하고를 반복하면서 늙도록 노동판에 몸을 굴리고 울어야 했다. 울고 또 울던 꽃새를 세상은 자신도 모르게 시를 써야만 살아남을 수 있는 시인으로 만들어버렸다.

살아가면서 얻은 손가락만 한 경험을 가지고 산다. 수많은 경우의 일을 만나면서 제대로 상대하지 못하고 속상해서 울면서 후회하고 산다. 그러면서도 잘되기를 바라며 마음을 채근하고 화자는 한 마리 꽃새로 아름다움을 그려가며 살고 있다.

②「여인 같은 가을이다」에서 본 아픔과 익음

가을은 좋아하는 것과 함께하지 못해 애태웠던 것에 비해 너무 쉽게 잊혀지지만 이제 떠나갈 줄 알고 많은 것을 내려놓고 익어간다.

아름다운 여인처럼
스쳐만 가는 가을바람에

여인의 내음처럼 풍겨오는
들국화 향기에
가을 나비 왔다 간 자리

낙엽 한 잎
눈부시게
화려한 여인의 몸짓처럼
살포시
꽃 위로 내려앉는 가을이다

—「여인 같은 가을이다」 전문

가을바람은 무엇에 쫓겨선지 부산하다. 주위에 어떤 것보다 우월하여 주눅들 일 없는 기세로 머뭇거림 없이 스쳐 지나가는 바람이며, 온갖 정성을 다하여 피워 올린 들국화 향기를 가을 나비에게 아름다운 여인으로 알려 다녀가게 한 바람이다.

낙엽은 나무나 꽃으로부터 이미 떨어진 잎이다. 한동안 맺은 인연을 겨울이 다가와 준비하느라 가지에게서 멀어지는 이별을 아쉬워한다. 가을바람은 낙엽이 떨어지는 그 자태마저 화려한 여인의 몸짓처럼 살포시 내려앉는 가을을 만든다.

화자는 가을이다. 일 년 사계절은 보내고 나면 다시 내년이 오지만 인생에 있어서 사계절은 보내면 다시 오지 않는다. 지나간 일에 순응하며 다가올 미래를 두려워하지 말고 오늘을 겸손하게 받아들일 줄 아는 가을이다. 불어오는 가을바람을 거부하지 않는다. 손에 쥐고 있었던 많은 것들을 놓으며 익어가는 가을이다.

③「공간에 두고 가는 언어」에서 만난 동심과 자아성찰

건강을 지키는 요소라며 동심을 지키라 한다. 정신세계의 소중함은 몸의 알맹이를 싱싱하게 보관하는 데 있다. 자아성찰을 주제로 거짓 없이 솔직해야만 그 생명력을 발휘하고 이 세상에 살다간 흔적으로 남길 수 있다.

친구야
너를 처음 만났을 때 나이

지금 만났을 때 나이
처음 만났을 때 나이만큼
세상이 남았을까

초등학교 때
꽤나 똘똘하게 생긴 너
말이 없던 아이
너의 인상에 끌려
학교에서 만나면 괜스레
그렇게 좋기만 하던 너

만나면 무슨 얘기할 수 있을까
그때 마음 그대로인데
아침노을에 만나서
저녁노을이 슬피 진다

친구야 지금도 아침노을은 뜬다

그때 흘린 동심을 주우러
덕암학교로 퍼뜩 가보자

—「동창생」 전문

동창생은 같은 학교를 졸업한 사람이다. 어렸을 때 다니던 학창 시절이 떠오른다. 그때 나이가 앞으로 남은 햇수만큼이나 될까, 똘똘하게 생긴 너 좋기만 하던 너 그때 모습 그대로인데 저녁노을이 슬피 진다. 어렸을 때 동심을 주우러 그때 학교로 얼른 가보자 한다.

좋아하던 친구가 달라진 게 없이 지금도 좋아 보이지만, 오늘이 가면 내일 아침노을이 뜰까 걱정을 한다. 화자는 동심을 잃어서 그럴까 걱정을 하며 그리워한다. 오히려 마음은 그대로인데 몸이 허술해져서일 것이다. 일반적으로 마음은 청춘인데 몸이 따르지 않는다는 표현을 뒤집어 몸은 그대로인데 마음이 따르지 않는다는 역설적 표현전략이다.

사물이나 사건보다는 사람에게만 비유할 수 있는 정신세계를 내실 있는 구조의 알맹이로 규정하고 그중 동심을 중요시 여기고 있다. 동심을 잃지 않으면 건강을 지킬 수 있다는 믿음으로 화자는 모교에 흘린 동심을 찾기를 권유하고 있다.

사람들이
살아온 삶이
하루의 저녁노을이라면
얼마나 많은 아쉬움을
노을처럼 아름답게 두고 갔을까

그 아름다움이 시라면
저녁노을은 미완성이지만
무한히 아름답지 않은가

그 아름다운 언어 예술의
창작을 세상과 공유하며
잘 쓰고 못 쓰고가 문제가 아니라
내가 이 세상 왔다가
공간에 두고 가는 영혼의 언어가 아닌가

나는 그 언어를 지워지지 않게
다른 영혼이 공유할 수 있도록
책 공간에 두고 가는 시인이다

―「공간에 두고 가는 언어」 전문

하루의 저녁노을로만 사람들이 살다간 흔적이라면 아쉬움이 너무 많다. 이 세상에 두고 가는 영혼의 언어, 그 아름다움을 시로 남겨 나 혼자만 볼 것이 아니라 다른 영혼들에게도 공감할 수 있도록 공간에 써두고 간다면 얼마나 좋을까?

사람은 모두가 상상을 한다. 화자가 보는 사물은 어떤 것이라도 관찰을 통해 대화의 상대가 된다. 아름다운 자연의 섭리를 사물의 입에 귀를 기울이고 공유하는 데 몰두하여 대화를 충분히 나누고 화자가 하고 싶은 말을 사물로 하여금 말을 하도록 만든다.

시인은 상상력을 동원한 비유의 세계에서 자아성찰을 주제로 한 자문자답으로 사물과 대화가 전개될 수 있다. 시인 자신의 인격을 도야를 생활화하여 수도하는 결과물로 시를 생성한다. 창작은 느끼는 대로 거짓 없이 솔직하게 표현하는데 그 생명력을 발휘한다. 단 한 편의 시라도 이 세상에 살다가는 표적으로 공간에 두고 가기를 소망한다.

④「오동잎 떨어지는 밤」에서 찾은 설렘과 슬픔

나뭇가지를 떠나는 이별을 보면서 욕심을 내려놓는다는 것이 마음을 편하게 하고 설렘과 희망을 갖게 하지만, 부산하고 고즈넉한 늦가을의 정취가 가슴을 적시고 자연 속에 잠든 밤은 이미지가 쓸쓸하고 으스스하기만 하다.

이 나무 저 나무에서
시든 낙엽이
가을로 떨어지고
잎이 떨어질 때마다
늙은 소년은 추억한다

나뭇가지는
빈손 들고 눈 내릴
하늘을 올려다보며
겨울 걱정하더니

하늘에는 겨울밤 달이 뜨고
별들이 눈송이처럼
대머리 이마에 내리면

옛 사랑방 이야기책 소리
눈 감고 귀 막아도
늙은 소년은 들린다

—「빈손」 전문

시든 낙엽이 떨어질 때마다 나이는 들었어도 지나간 세월을 소년으로 떠올리고 있다. 빈 가지로 눈 맞을 겨울 걱정하다가 별들이 이마에 눈처럼 내리는 밤이라도 지난 시절의 소리가 눈과 귀를 감고 가려도 잘 들린다고 했다.

모든 것을 내려놓고 빈손이 되어버린 화자는 낙엽 진 나뭇가지로 느껴진다. 눈보라에 시달릴 겨울을 걱정하는 현실이지만, 한창 시절 왕성했던 자신을 잊지 못한다. 그러나 밝은 달빛을 받는 고요 속에 책 읽는 소리가 또렷하다.

나뭇가지를 떠나는 이별을 보면서 슬픔에 젖어 불안과 실망을 벗어나기 어려운 상황일지라도 욕심을 내려놓는다는 것이 모든 것을 잃어버리기보다는 마음을 얼마나 편하게 하는지 기억력이나 시력과 청력을 불러일으켜 준다. 나이에 어울리지 않는 설렘과 희망을 갖게 하는 마력을 얻는 반전에 성공하고 있다.

⑤「낙엽처럼 날아가자」에서 느낀 존재와 율동

세월이 제멋대로 흘러가도 무언가 하고 싶은 대로 할 수 있었으면 좋겠다. 누구라도 내 편이 되어 주길 간절히 바란다. 가장 나답게 사는 것이 무엇인가, 보이지 않는 몸부림이 눈에 보인다. 이파리는 매달려 있기보다는 날아다니고 싶은 것이다.

꽃은 아무리 봐도
예쁘고 예뻐서
나를 나를 미치게 만드는 유혹이다

예쁜 사랑아
네 유혹에 미치게 빠져도 좋다

마음에 꼭 드는
5월의 바람같이
왔다 가지 말고
너는 거기 남아

세월이 강물처럼 구름처럼
흘러가도
거기 남아

내 눈에 안기어 그대로 있어라
내 서정이 무딜 때까지

—「그대로 있어라」 전문

꽃은 젊고 아름다운 여자를 이르거나 아름답고 화려한 시절을 비유적으로 이르는 말이다. 모두가 예뻐서 유혹에 빠지게 한다. 5월의 바람같이 달아만 나지 그대로 있어 주기를 바라고 있다. 아직은 서정이 살아 내 눈에 너를 안을 수 있으니 말이다. 힘이 있을 때는 달아나더라도 뒤를 좇아가서 붙잡고 싶지만, 마음만 앞서니 가장 쉬운 방법은 그 자리에 있어 주는 것이다. 포기하지 않고 의사를 밝혀 연민의 정을 전한다는 용기가 있다. 살아있음의 존재 의식은 속된 현실 사회에서 벗어나 홀로 깨끗하고 우뚝하다.

세월이 제멋대로 흘러가도 줏대 없이 따라만 가지 말고 무언가 하고 싶은 대로 할 수 있도록 해주었으면 좋겠다. 힘이 없고 소외되고 있는 것이 싫다. 누구라도 내 편이 되어주길 간절히 바란다. 황혼의 향기가 펄펄 나는 가을밤의 독백이 귀를 울리고 살아있음의 아름다움이 질기게 날개를 펴고 있다.

내 안의 나를 찾아
내가 나로 살자
아집에 구속되지 말고
주인 없는 파란 하늘에
자유를 욕심껏 끌어안고
철철이 바뀌는
세상 풍경 바라보며

세월이 가자는 대로
철철이 바뀌는 계절처럼 살자

비바람 폭풍으로 가다가
시린 눈보라에 휘날리다가
봄꽃 흔드는
꽃바람이었다가
가을바람에 낙엽처럼
파란 하늘로 마음껏 날아가자

—「낙엽처럼 날아가자」 전문

내 안에 내가 없이 살고 있다. 한동안 있다가 행방불명이 되어 찾아 나서기 일쑤다. 내가 있어도 아집과 고집을 끌어안고 세상 풍경과 세월을 끌어안거나 바라보지 않으면 아무 소용이 없다. 철철이 바뀌는 계절처럼 가을바람에 낙엽처럼 마음껏 날아가자고 한다.

나뭇가지에 달린 이파리는 흔들릴 뿐이지 나르지는 못한다. 낙엽은 나무나 꽃으로부터 이미 떨어진 잎이다. 자의에 의한 움직임이 아니고 바람과 중력에 따라 움직이지만 살아있는 하나의 개체로 의미를 부여하고자 이파리는 매달려 있기보다는 날아다니고 싶은 것이다.

자신이 낙엽이 되기 전에 희망을 가지고 더 많은 접촉과 동행으로 실현시키고 싶은 희망이나 이상

(理想). 그 꿈을 이루려 한다. 화자는 예전보다 시야가 넓어졌다. 남은 시간의 소중함을 인식하고 얽매이기보다는 하고 싶은 대로 풀어서 자유롭고 싶다. 가장 나답게 사는 것이 무엇인가를 알고 싶어 하는 보이지 않는 몸부림이 눈에 보인다.

3. 나가는 글

신영철 시인의 창작은 언제나 배우는 자세로 듣고 남들이 갖고 있는 지식과 체험을 받아들여 마음의 양식으로 쌓았다. 학력이나 사회적인 지위가 아무런 영향을 끼치지 않는다는 신념을 바탕으로 일상에서 만나는 사물과 사건을 관찰하고, 감각을 동원하여 얻어지는 시상을 놓치지 않고 메모하여 틈틈이 다듬어 생활의 모든 것이 그대로 배어나게 한다.

연마된 예민한 감각은 오래 걸리지 않는 시간을 통하여 대화를 나누는 작업을 생활화하며 즐기는 모습을 떠올리게 한다. 혼자만의 공허한 시간을 낭비하지 않으려고 고귀하게 쓰다 보니 세상에 모든 대상은 그의 소중한 말 상대가 되었다

이번에 상재하는 제5시집 『그리움이 아프다』에 담은 시편들은 ① 「꽃새가 울었다」에 담긴 타협과 후회. ② 「여인 같은 가을이다」에서 본 아픔과 익음. ③ 「공간에 두고 가는 언어」에서 만난 동심과

자아성찰. ④「오동잎 떨어지는 밤」에서 찾은 설렘과 슬픔. ⑤「낙엽처럼 날아가자」에서 느낀 존재와 율동으로 요약할 수 있다.

신영철 시인의 창작 영역이 훨씬 넓고 깊어짐을 쉽게 알 수 있다. 문학에 대한 열정이 남다른 그는 아산시에 거주하면서도 먼 거리 서울에 크고 작은 문학 행사에 만사를 제쳐 놓고 참여하는 것은 살아 있는 창작의 이론과 실제를 접하는 기회로 삼기 위해서다. 많은 시인들과 교류하면서 문인의 자세에서 초심을 잃지 않는 각오가 새롭게 피어나는 것이다.

신영철 시인의 시를 읽다 보면 자연 속에 펼쳐져 있는 꽃이나 계절, 낙엽, 그리고 친구를 주제로 한 시들이 많다. 이들을 현실에 살면서 겪고 있는 그리움을 은유하여 아픔으로 이미지화하고 있다.「그냥 저냥 삽시다」라든지「그리움이 아프다」,「낙엽처럼 날아가자」,「그대로 있어라」 등의 시 제목을 통해서도 시린 일상을 엿볼 수 있어 가슴이 먹먹해진다.

더 이상의 맞서는 일을 피하고 싶어 타협을 간절히 원하거나 모든 것을 내려놓고 어떤 욕심도 털어 편해지길 바란다. 아니면 더도 말고 지금 이 대로였으면 좋겠다는 결연한 마음가짐이 눈가에 맴돈다. 그리움은 어떤 대상을 좋아하거나 곁에 두고 싶어 하지만, 그럴 수 없어서 애타는 마음이다. 거듭 반복하다 보니 아픔을 견딜 수가 없다. 불투명

한 현실을 탈피하고자 하는 현대인의 고달픈 삶을 대변하고 있는지도 모른다.

오늘도 삶의 현장에서 사물의 입에 귀를 기울이고 있을 신영철 시인의 모습을 그려본다. 그리고 이 땅에 많은 시인들이 나누지 못한 소중하고 아름다운 이야기가 다듬어져 만들어질 다음 시집에 대한 기대에 가슴이 설렌다.

문학세계대표작가선 927

그리움이 아프다

신영철 제5시집

인쇄 1판 1쇄 2020년 6월 19일
발행 1판 1쇄 2020년 6월 26일

지 은 이 : 신영철
펴 낸 이 : 김천우
펴 낸 곳 : 도서출판 천우
등 록 : 1992. 2. 15. 제1-1307호
주 소 : 서울시 성동구 무학봉28길 6 금융빌딩 2F
전 화 : 02)2298-7661
팩 스 : 02)2298-7665
http://moonhak.wla.or.kr
E-mail : chunwo@hanmail.net

값 10,000원

ISBN 978-89-7954-814-3

이 도서의 국립중앙도서관 출판예정도서목록(CIP)은 서지정보유통지원시스템 홈페이지(http://seoji.nl.go.kr)와 국가자료공동목록시스템(http://www.nl.go.kr/kolisnet)에서 이용하실 수 있습니다. (CIP제어번호: CIP2020024143)